Usborne Beginners

Kikkervisjes en kikkers

Anna Milbourne

Ontwerp: Nicola Butler

Illustraties: Patrizia Donaera en Zoe Wray Adviezen: Chris Mattison

Nederlandstalige uitgave:

Vertaling: Albert Witteveen Boekverzorging: Werkwoord, Amsterdam

Redactie: Foluso Ajibade en Renny van der Deen

Inhoud

Kikkereitjes

Een moederkikker legt kleine eitjes
in het water van een stille vijver.

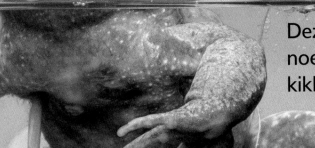

Deze eitjes
noemen we
kikkerdril.

Elk ei is een klein zwart bolletje.
Elk bolletje kan een kikker worden.

Kleine kikkervisjes

Er groeit iets in het kikkereitje.

en groter.

Het begint
als een stip.

Het wordt
groter

Het wordt een
kikkervisje.

Het kikker-
visje komt
uit het ei.

Het zwaait met
zijn staart en
zwemt weg.

Hier komen een paar
kikkervisjes uit hun ei.
Zie je welke dat zijn?

In elk ei zit genoeg eten
voor een kikkervisje
voor 21 dagen.

Hoe kikkervisjes leven

Kikkervisjes leven in sloten en vijvers.

Ze zwemmen met
hun staart.

Met hun kleine tandjes eten
ze waterplanten.

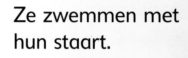

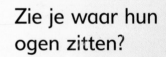

Zie je waar hun
ogen zitten?

Ze ademen onder water met hun kieuwen.

Kieuw —

Eerst is de kieuw een
stel losse slierten.

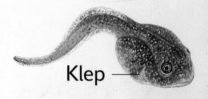

Klep —

Later groeit er een
klep over de kieuw.

6

Vissen eten graag kikkervisjes.
De kikkervisjes zwemmen snel weg.

Deze kikkervisjes zijn bruin net zoals
de stenen in de vijver. Ze kunnen zich
verbergen voor de hongerige vissen.

In de groei

Als een kikkervisje groeit, wordt het een kikker.
Volg de nummers, dan zie je hoe
dat gaat.

2. Er groeien ook
twee poten aan
de voorkant.

1. Bij de staart groeien
twee poten.

Eén soort
kikkervisje groeit
op zijn moeders rug.
Als het een kikker is
geworden, hupt hij eraf.

3. De staart
wordt korter.

4. De staart is
bijna verdwenen.

5. Nu is het een
kikker geworden.

Kop tot teen

Kikkers hebben grote ogen bovenop hun kop. Ze kunnen helemaal in het rond zien.

Dit is het oor van de kikker.

Zie je zijn neusgaten?

Kikkers hebben allerlei soorten ogen.

Ze kunnen een hartvorm, een spleet of een ovaal midden in hun oog hebben.

Dit is een
zwempoot.

Veel kikkers hebben zwempoten. Dit betekent
dat ze vliezen tussen hun tenen hebben. Met
zwempoten kunnen kikkers sneller zwemmen.

Er zijn niet alleen groene kikkers, er zijn ook gele,
blauwe en rode. Ook zijn er gevlekte en gestreepte.

Springen en spetteren

Kikkers leven op het land en in het water.
Ze hebben lange, sterke achterpoten.

Kikkers lopen niet ergens
heen, ze springen.

Een kikker kan net zo ver
springen als twintig keer
zijn eigen lengte.

Hoe ver spring jij?

Deze kikker duikt
het water in.

Kikkers kunnen ook
goed zwemmen.

Etenstijd

Kikkers eten graag insecten en vliegen. Volg de nummers, dan zie je hoe een kikker een vlieg vangt.

1. De kikker rolt zijn kleverige tong uit.

2. De vlieg blijft aan de tong plakken.

3. De kikker rolt zijn tong weer naar binnen.

4. De kikker klapt zijn bek dicht.

Kikkers slokken hun eten in één keer op.
De oogballen gaan omlaag als hij slikt. Zo kan hij
het eten beter in zijn keel naar beneden persen.

Sommige kikkers hebben geen lange tong.
Zij moeten springen om iets te vangen.

Deze kikker springt om de kever
te vangen voordat hij wegkruipt.

Slijmerig of wrattig

Kikkers hebben vaak een vochtige, slijmerige huid.
Ze drinken niet, water komt binnen door de huid.

Kikkers wisselen van huid om die fris te houden.
Dit noemen we vervellen.

De kikker
wriemelt.
Het oude vel
raakt los.

Hij trekt het
vel over zijn
kop alsof het
een trui is.

Hij eet het
oude vel op.
Het vel eronder
is nieuw.

Een pad is een soort kikker. Padden verschillen van andere kikkers. Ze hebben een droge, wrattige huid.

Een pad

Padden kunnen heel goed op een droge plek leven. Sommige leven zelfs in de woestijn.

Verstoppertje

Er zijn dieren die graag kikkers eten. Sommige kikkers verstoppen zich zodat ze niet worden gezien en opgegeten.

Zie je de groene kikker?

Deze groene boomkikker kun je bijna niet zien.

Op een bruine tak is hij juist goed te zien.

Zijn huid wordt bruin. Nu zie je hem niet zo snel.

Deze kikkers zijn giftig. Zij hoeven zich niet te verbergen. Door de felle kleur weten dieren dat ze hen niet moeten eten.

 Eén druppel vergif van de huid van een gifpijlkikker kan al dodelijk zijn!

19

Bijzondere trucs

Kikkers hebben allerlei trucjes om niet te worden opgegeten. Als een dier een tomaatkikker bijt, krijgt hij een kleverige verrassing!

De slang bijt de tomaatkikker. Er komt een kleverig slijm uit de huid van de kikker.

De slang krijgt zijn bek vol met slijm dat vies smaakt. De slang laat los. De kikker hupt weg.

Veel dieren eten alleen iets levends. Deze rivierkikker doet net alsof hij dood is, zodat ze hem niet zullen opeten.

Deze kikkers hebben
een tekening op hun
achterste die eruitziet
als twee grote ogen.

Bij gevaar laten
ze de vijand hun
achterste zien.

De kikkers hopen dat ze er door de namaakogen
groter en gevaarlijker uitzien dan ze eigenlijk zijn.

Warm of koud

Kikkers houden niet van koud weer. 's Winters
blijven veel kikkers een lange tijd slapen.
Dit noemen we een winterslaap.

Een kikker zoekt een
veilige plek om te slapen.

Hij gaat slapen en slaap
de hele winter door.

In de lente is het warm.
De kikker wordt wakker.

Kikkers hebben het liever niet te warm of te droog.

Deze kikker leeft in de hete, droge woestijn. Hij graaft een hol in het zand. Daar blijft hij omdat het koeler is. Hij komt er alleen uit als het regent.

Sommige kikkers bevriezen als ijsklontjes in de koude winter. In de lente ontdooien ze en worden ze wakker.

Kikkerzang

Wanneer kikkers volwassen worden, gaan
ze terug naar de vijver waar ze zijn geboren.

De mannetjes kwaken
hun lied.

24

Een vrouwtje hoort een lied
dat haar bevalt. Ze gaat
naar de zanger toe en
ze vormen een gezin.

Zo kwaakt een kikker.

Hij blaast zijn keel op als
een ballon. Dit maakt
een kwakend geluid.

De kikker perst de lucht
zijn lichaam in. Dit geeft
nog een kwaak.

Woonplek

Kikkers hebben allerlei soorten woningen.

Veel kikkers leven bij
vijvers en meertjes.

Deze kikker gebruikt de woning van een ander.

Overdag slaapt de
gofferkikker in het hol
van een schildpad.

's Nachts komt de
schildpad thuis. Dan
gaat de kikker eruit.

Ook leven er kikkers in bomen.

Ze hebben kleverige zuignappen
aan hun tenen. Zo kan de kikker
zich vasthouden aan de bladeren.

— Zuignap

Sommige kikkers blijven hun
hele leven in de bomen en
komen er nooit uit.

Weet je of er kikkers bij jou in de buurt leven?

27

Bijzondere kikkers

Er bestaan enkele
heel bijzondere kikkers.

 Dit is één van de kleinste kikkers.
Hij is hier afgebeeld op ware grootte.

Dit is de grootste kikker op aarde.
Hij wordt goliatkikker genoemd.

Hij is ongeveer
net zo groot
als een poes.

Deze kikker hupt niet, hij vliegt.
Zijn poten dienen als vleugels.

Hij maakt een
zweefvlucht van
boom naar boom.

Deze kikker legt eieren en slikt die daarna in.

De baby's groeien in
de buik van de moeder.

Later huppen ze
zelf uit haar bek!

Lijst van kikkerwoorden

Hier staan een paar woorden uit dit boek die je misschien niet kent. Op deze bladzijde wordt uitgelegd wat ze betekenen.

 kikkerdril - de eitjes die een moederkikker legt. Ze veranderen later in kikkervisjes.

 kikkervisje - een babykikker. Een kikkervisje groeit en verandert dan in een kikker.

 kieuw - deel aan de zijkant van de kop van een kikkervisje waarmee het adem haalt.

 zwempoot - een poot met een vlies van huid dat tussen de tenen zit.

 wrattige huid - een huid met knobbels en bobbels. Padden hebben een wrattige huid.

 zuignap - kussentje dat kan vastkleven. Enkele kikkers hebben tenen met zuignapje

 zweefvlucht - zwevend door de lucht vliege Enkele kikkers gaan zo van boom naar boo

Websites

Als je een computer hebt, kun je meer over kikkers te weten komen via internet. Op de Engelse website van Usborne Quicklinks vind je links naar vier leuke websites.

website 1 -   Hier kun je naar allerlei soorten kikkers in een bos zoeken en horen hoe ze kwaken.

website 2 -   Speel een kikkerspel.

website 3 -   Print plaatjes van kikkers die je kunt inkleuren.

website 4 -   Volg de plaatjes en maak een springende kikker van papier.

Deze websites vind je via www.usborne-quicklinks.com waar je 'beginners frogs' typt. Klik daarna op de link van de website die je wilt bekijken. Kijk vóór je internet op gaat naar de veiligheidsmaatregelen achterin dit boek en vraag een volwassene om met je mee te lezen.

Register

Verantwoording

Serieredactie: Fiona Watt Serieontwerp: Mary Cartwright
Fotobewerking: John Russell

Fotoverantwoording

De uitgever dankt de volgenden voor hun toestemming materiaal te reproduceren:
© **Bruce Coleman** (Jane Burton) 26, © **Corbis** (Michael & Patricia Fogden) 10 (boven),
(Joe McDonald) 17 (onder), © **Corbis/FLPA** (Martin B Withers) 4-5, © **Corbis/Papilio**
(Mike Buxton) 11, © **Digital Vision** 10 (onder), 31, © **FLPA – Images of Nature** (Minden Pictures)
23, © **Getty Images/TCL** (Gail Shumway) omslag, 19, 27, © **J M Lammertink** 28 (boven), © **NHPA**
(Daniel Heuclin) 28 (onder), (Stephen Dalton) 28-29, © **Oxford Scientific Films** (Alistair Shay) 2-3,
(G I Bernard) 18, (Zig Leszczynski) 21, © **Tony Stone** (Tim Flach) titelblad, 13, (Christoph Burki)
16-17, © **Warren Photographic** (Kim Taylor) 6, 9, 14-15

De uitgever heeft ernaar gestreefd alle copyrights te regelen. Degene die echter meent alsnog
zekere rechten te kunnen doen gelden, wordt verzocht contact op te nemen met de uitgever.